많은 걸 좋아하는 신지우

| 일러두기 |

1.
이 <이제그반 글쓰기 모음집> 전집은 2024년 강릉 운산초등학교 2학년 이제그반 학생 9명이 1년 동안 한 '삶을 가꾸는 글쓰기' 활동을 9권의 책으로 묶은 것이다.

2.
이 책의 모든 내용과 표현은 담임 교사 김기수가 '공동체로서의 민주 시민 교육'의 일환으로 한 교실 운영 방침에서 비롯되었다. 아이들이 담아낸 학교에서의 삶의 글을 오탈자만 수정해 그대로 수록했다.

2024년 운산초등학교 2학년 이제그반

신지우 글쓰기 모음집

많은 걸 좋아하는 신지우

신지우

여는 글

 아홉 살 아홉 명의 아이들. 운산초등학교 2학년 이제그반 아이들이 함께 쓴 글은 모두 1,228편이다. 1편 〈어이없는 김도훈〉부터 9편 〈몽실이와 구하라〉까지 모두 읽으면 1,228편의 글을 읽는다. 원고를 찾지 못해 책에 담지 못한 글들도 있다. 이를 더하면 약 1,300편의 글을 썼다.

 한 사람당 약 144편의 글을 썼다. 1년 동안 학교에 간 날이 190일이니 매일 글쓰기를 했다고 봐도 무리가 없다. 와, 이제그반 아이들은 정말 어마어마한 일을 했다.

 "선생님, 도대체 아이들에게 무슨 짓을 한 건가요?"

 이제그반 아이들이 쓴 1,228편의 글로 책을 내겠다고 말하니 출판사 사장님이 말했다.

 내가 아이들에게 무슨 짓을 했나, 너무나 가혹한 일을 한 건 아닌가 생각했다. 출판사 사장님 말씀 때문에 아이들에게 미안한 마음이 들었다. 하지만 겨울방학 동안 아이들이 쓴 글을 읽으며 미안함이 싹 사라졌다. 미안함이 사라진 자리에 우리가 함께한 추억이 커다랗게 채워졌다. 사람은 시간이 흐르면 잊는다. 하지만 글로 남

아있으면, 글을 읽고 언제든 그때 그 순간으로 돌아갈 수 있다. 함께 한 사람들을 추억할 수 있다. 나에게는 1,228편의 글이 그런 글이었다.

  나는 확신한다. 언젠가 이제그반 아이들이 나에게 매일 글쓰기를 시켜줘서 고맙다고, 이를 모아 책으로 내줘서 고맙다고 연락해 줄 거라고 확신한다. 삶의 기쁜 순간이나 힘든 순간에 책을 꺼내 읽어 '우리 그때 참 신나게 살았노라고' 위로받고 응원받을 거라고 확신한다. 무엇보다 삶의 순간순간마다 글을 쓸 거라고 확신한다. 삶을 글로 채우고, 그 글들로 자신을 채우며 살아가길 바란다.

  내 교직 인생에서 이제그반 아이들은 가장 많은 글을 쓴 아이들이 될 테다. 지금까지 이제그반 아홉 아이들만큼 글을 쓴 아이들이 없었고 앞으로도 없을 테다. 수많은 글을 읽으며 2024년의 선생 김기수를 추억할 수 있어 행복했다. 그 행복함 덕분에 나는 다시 아이들을 만나 행복하게 지낼 수 있을 테다.

  행복한 선물을 전해준 이제그반 아이들 덕분이다. 고맙다.
  이 아홉 권의 책이 너희들에게도 행복한 선물이 되면 좋겠다.

2025년 2월 3일 오전 12시 11분
2024년 운산초 2학년 이제그반 김기수 씀

목차

여는 글 ⋯ 4

작가 소개 ⋯ 9

1. 주제 낱말로 시를 쓰고 ⋯ 10

- 손	- 돌	- 웃다
- 발	- 흙	- 파다
- 눈	- 땅	- 자다
- 몸	- 해	- 찾다
- 밥	- 눈	- 모으다
- 국	- 비	- 만들다
- 맛	- 가다	- 묶다
- 물	- 오다	- 놀다
- 방	- 서다	- 담다
- 문	- 걷다	- 찢다
- 벽	- 먹다	- 검다
- 집	- 보다	- 크다
- 옷	- 듣다	- 길다
- 실	- 밀다	- 같다
- 줄	- 주다	- 맑다
- 길	- 씹다	- 달다

- 춥다
- 늦다

2. 글똥누기를 모아모아 책을 만들다. … 61

- 새 학기 떡 돌리기
- 양보란 무엇일까?
- 1학년 때 우리반은?
- 2학년 때 우리반은?
- 산책
- 동아리 시작
- 비밀기지
- 지한이의 감자 샌드위치
- 안은영 작가와의 만남
- 파충류 카페
- 벽화 그리기
- 가난이란 무엇일까?
- 단오장
- <아홉 살 인생> 끝
- 영화 <아홉 살 인생>
- 여름방학의 일
- 갑자기 시험
- <굴러가는 태웅이> 촬영 하루 전
- <굴러가는 태웅이> 촬영
- 첫 영상수업
- 추석
- 사라진 오골계
- 벼 베기
- 운산100 시작
- 운동장 길이 재기
- 아홉 살 기수
- 자전거 타기(1)
- 자전거 타기(2)
- 울진 해양과학관
- 자전거 타기(3)
- 1부터 5
- 6부터 10
- 축구 보기 하루 전
- 축구 본 날
- 쓰레기 대청소
- 학끼오TV
- 한강 작가 책 두 권을 골라

내용 상상하기
- 운산 마라톤
- 친구란 무엇일까?
- 짚신 만들기
- 기수가 사라진다
- 두 번째 짚신 만들기
- 세 번째 짚신 만들기
- 기수 없는 이제그반
- 마지막 영상수업
- 꿈자람 발표회 리허설
- 꿈자람 발표회
- 자전거 타기(4)
- 이안 작가와의 만남
- 지한이의 김밥
- 아이스 스케이트
- 얼음 산책
- 구구단 아니면 구구콘으로 시 쓰기
- 나눔장터
- 마지막 운산100
- 마니또 뽑기
- 크리스마스 이브와 마니또 선물
- 위기철 작가와의 만남
- 자전거 시험
- 이제 열 살, 10대
- 안녕, 이제그반

3. 닫는 글 ⋯ 124
- 지우의 하루하루
- 이제그반 아이들에게 보내는 가족들 글 모음

[특별판] 도롱뇽 일기 ⋯ 132

작가소개

〈많은 걸 좋아하는 신지우〉

나는 미술만 싫다.

먹는 것도 아주 많이 좋아하고
자전거도 좋아한다.

만들기가 내 취미다.

노래도 좋아하고
보이 boy
영어도 좋다.

난 이런 게 좋다.

1. 주제 낱말로 시를 쓰고

〈게임 때문에 손이 너무 아파〉

게임을 했다.
손이 너무 아팠다.

누르는 게임이었다.

주제: 손

〈운동은 힘들어〉

운동을 했다.
한 시간을 했다.

발이 너무 너무 아팠다.

주제: 발

〈눈썹 때문에〉

눈이 너무 아프다.

눈썹이 많이 들어가서
그런 것 같다.

그냥 아플 때도 있다.

주제: 눈

〈나는 잘하고 승우는 못해〉

밥을 먹는데
승우가 포크를 주라고
떼를 썼다.

나는 아주 잘한다.

승우보다

젓가락질을

주제: 몸

〈물밥 먹기 싫어〉

학원에 갔다 왔다.
여덟 시다.
엄마가 밥을 안 줬다.

물밥을 준다고 했다.

어이가 없었다.

주제: 밥

〈얼큰한 국물〉

난 라면 국물을
아주 좋아한다.

난 진라면 국물이
제일 좋다.

주제: 국

〈치즈는 싫어〉

오늘 아침에
엄마가 볶음밥을 줬다.

승우가 볶음밥에
치즈를 넣어달라고 했다.

난 그 맛을 싫어하는데
승우는 그 맛을 좋아한다.

주제: 맛

〈아, 내 목 말라죽어〉

엄마가
물통을 안 챙겨줬다.

너무 목이 말랐다.

계속 급식실에 가서
물을 먹어서
다리가 아팠다.

다리가
부러질 것 같았다.

주제: 물

〈물건이 너무 많아〉

내 방에는
물건이 많고

승우 방에는
물건이 많지 않다.

그치만 승우 방에는 인형이 많다.

주제: 방

〈아야! 아파!〉

승우가
쉬를 싸려고 하다가
내가 그 문에 찢었다.

아파서
죽을 것 같았다.

주제: 문

〈벽에 부딪혀서 아프다〉

승우랑 침대 방에서
놀고 있었는데
내가 벽에 부딪혔다.

아팠다.

주제: 벽

〈아, 졸려〉

학원을
3시간이나
갔다 왔다.

집 문 앞이다.

난 그대로 누웠다.

주제: 집

〈아, 이 옷 싫어〉

엄마가
내 마음에 안 드는
옷을 줬다.

싫었다.

주제: 옷

〈실이 아니구나〉

이빨이 흔들렸다.

엄마가 실로
뽑으려고 했는데
손으로 뺐다.

아팠다.

주제: 실

〈줄 대결〉

1학년 때
아빠랑 나, 승우랑
줄다리기를 했다.

나랑 승우랑 팀이었다.
아빠는 어른이니까.

줄을 당겼다.

아빠가 이겼다.

우리는 슬퍼했다.

집으로 들어갔다.

주제: 줄

〈아, 좀 빨리 가〉

양양을 갔다.
차가 막혔다.

계속 길이 막혀서
시간이 아주 많이
길어졌다.

주제: 길

〈아, 아파〉

친구들이랑 놀다가
돌바닥에 엉덩방아를
찧었다.

멍이 들었다.

많이 아팠다.

| 주제: 돌 |

〈흙이랑 몸〉

도훈이랑 아현이랑 나랑
몸에 흙을 덮었다.

너무 차가웠다.
그리고 찜찜했다.

주제: 흙

〈킥보드 싫어!!!〉

승우랑 킥보르를 타다가
승우가 굴렀다.

승우가 앞을 안 봐서
그렇다.

승우가 엄마한테
맞을 거라고 울었다.

웃겼다.

주제: 땅

〈무서웠다〉

엄마, 아빠가 없었다.

깜짝 놀랐다.

무서웠다.

아빠! 라고
계속 계속 불렀다.

아빠가 안 나와서
너무 너무 무서웠다.

엄마한테 물어보니
아빠 차가 없어서
데려다줬단다.

주제: 해

〈눈사람〉

눈이 왔다.

할머니 집이었다.

할머니가 눈으로
눈사람도 만들어줬다.
잘 만들었다.

나도 만들었다.

난 아주 조그만
눈사람이다.

재밌었다.

주제: 눈

〈에그박사 모자를 찾아라〉

꽃축제를 갔다.

승우는 에그박사 모자를
잃어버렸다.

비가 왔다.
이모가 가지러 가서 찾았다.

승우는 기뻐했다.

주제: 비

〈어! 언제 왔지!!!〉

엄마가 마트에 가서
집에 혼자 있었다.

자고 있었는데
엄마가 왔다.

주제: 가다

〈인라인〉

인라인 학원을 갔다.

선생님이 오라고 했다.
그런데 선생님이
가라고 했다.

짜증이 났다.

주제: 오다

〈아 힘들어〉

떡볶이 동아리 때
기수가 의자를 빼서
힘들었다.

먹을 때는
의자에 앉게 해 줬다.

그 때는
내 다리가 안 힘들었다.

주제: 서다

〈아 좀!!〉

아빠가 산에 가자고 했다.

난 안 간다고 했다.

내가 그렇게 말하니

아빠가
너 30킬로니까 운동해야 된다
고 해서 끌려갔다.

주제: 걷다

〈배고파!〉

엄마가 손을 다쳐서
아침 밥을 안 먹는다.

찬 밥을 잘 못 먹는다.

제대로 된 밥을
먹고 싶다.

오늘은 밥을 제대로 먹었다.

우리 엄마 손이
괜찮아지는 것이다.

주제: 먹다

〈언제 골라〉

도서관에서 책을 봤다.

책을 고르라고 했다.

나는 10분 만에 골랐는데
승우는 한 시간이나
기다려야 했다.

난 고른 책을
읽고 있었다.

승우가 다 골랐다.

집에 가서 봤다.

주제: 보다

〈아 시끄러워〉

이어폰을 샀다.

승우가 소리를
너무 크게 틀었다.

우리가 불러도
못 들었다.

우리가 계속
승우야 소리 줄여라
라고 말했다.

너무 시끄러웠다.

귀가 터질 것 같았다.

주제: 듣다

〈아 내 눈!〉

여름방학에
바다를 갔는데
아빠가 나를
바다로 밀었다.

눈이 너무 짰다.

난 화가 나서
아빠를 밀었는데
아빠는
꼼짝도 안 했다.

난 너무 화가 났다.

주제: 밀다

〈어? 왜 우리만 주지?〉

내 생일 때
시우가 나랑 승우만
생일 선물을 주었다.

친구들은
기분이 나빴다고 했다.

나도 민망했다.
승우도 그런 생각이었을 것 같다.

왜냐하면 친구들 선물은
안 줘서 그런 것 같다.

주제: 주다

〈고기 좋아〉

엄마가
미역국을 줬다.

고기가 있었다.

고기를 씹었다.
승우는 고기를 안 먹었다.

난 미역국에 들어있는
고기가 좋다.

주제: 씹다

〈웃긴 영화〉

친구랑 영화관을 갔다.
웃긴 영화였다.

난 너무 웃었다.

영화가 끝났다.

난 너무 웃었다.
엄마도 웃기다고 했다.

제목이 기억이 안 난다.

그치만 엄청 웃은 건
오랫동안 기억이 난다.

주제: 웃다

〈고양이〉

집에 왔는데
고양이가
두더지를 잡으려고
땅을 팠다.

우리는 그걸 보고
엄청 놀랐다.

엄마도 승우도
깜짝 놀랐다.

내가 그쪽 땅을 파서
지렁이를 잡았다.

주제: 파다

〈시간〉

어제 6시 3분에
알람을 맞춰났다.

오늘 6시 3분
알람이 울렸다.

자고 있어서
소리를 못 들었다.

7시 35분에 일어났다.

난 지금도 자고 싶다!

주제: 자다

〈팬티만 못 찾다〉

집에서 승우가 씻고
옷이랑 팬티랑 바지를 찾는데
팬티만 못 찾았다.

엄마한테
찾아달라고 했다.

엄마가 찾아서
엄마가 여기라고 했다.

승우가 이게 여기 있네
라고 말했다.

난 그걸 보고 웃었다.

엄마랑 아빠도 웃었다.

주제: 찾다

〈아빠 좋아〉

7살에
장난감을 모았다.

왜냐하면
재밌으니까.

엄마는
사지 말라고 했다.

그치만
아빠는 사준다.

그래서
아빠가 좋다.

주제: 모으다

〈피아노〉

색종이로
피아노 만들기를 했다.

집에서
다섯 개를 만들었다.

만들기는 쉬웠다.

승우도 재밌어했다.

친구들도
같이 하면 좋겠다.

주제: 만들다

〈묶여서〉

1학년 때
도훈이 손에
고무줄이
묶여 있었다.

깜짝 놀랐다.

도훈이가 아파서
아니면 놀라서
울었는지는 잘 모르겠다.

도훈이가 가위로 잘랐다.

다행이었다.

주제: 묶다

〈잘 탄다〉

친구와 자전거를 탔다.

아현이는 못 탔는데
이제는 잘 탄다.

이제 못 타는 친구들은
지한, 하라, 도훈이다.

계속 가르쳐 주고 있다.

난 잘 타서
재밌게 놀고 있다.

주제: 놀다

〈우와! 밤이다!!!〉

할머니와 같이
밤을 따러 갔다.

밤이 아주 많았다.

밤을 줍는데 쏟았다.
다시 담았다.

열심히 했다.

내 손 살려~

주제: 담다

〈엄마 생일〉

어제는
엄마 생일 하루 전이었다.

편지를 만들고 있었는데
포장지가 찢어졌다.

다시 만들었다.

드디어 오늘이
우리 엄마 생일이다.

좋다.

주제: 찢다

〈검은 제비〉

제이는 별명이
검은제이다.

우리가 제이한테
지어준 별명이다.

원래는
검은제비인데
우리가
검은제이라고 했다.

왜냐하면 제이가
검은색 옷을
자주 입어서 그렇다.

주제: 검다

〈키〉

우리 반에는
키가 큰 친구들이 있다.

내가 두 번째로 크다.

상현이가 1등으로 크다.
제이가 3등이다.

멀리서 봤을 때는
똑같은 것 같지만
직접 재보면 다르다.

이상하다.

주제: 크다

〈손톱〉

상현, 아현, 나는
손톱이 짧다.

계속 물어뜯어서다.
계속 짧아졌다.

습관이 됐다.

그래서
무슨 약을 바른다.

그 약은 쓰다.

주제: 길다

〈옷이 똑같다〉

어제 친구와 똑같은 옷을 입고
학원에 오라고 해서 입었다.

이 옷이 맞나 모르겠다.

오늘 가서
친구에게 물어봐야지.

맞겠지?

주제: 같다

〈내 이름 맑음〉

내 이름 맑음이 있다.

노래다.

듣기 좋다.

이 노래를 들으면
기분이 좋아지고
내 머리 속이 맑아진다.

나는 이 노래를
좋아한다.

주제: 맑다

〈맛있다〉

옛날에
마시멜로를 먹었다.

그때는
너무 달았다.

그치만 지금은
맛있다.

혀가 달라지는 것 같다.

이런 게 성장이겠지?

주제: 달다

〈온도〉

학교가
춥다가 더워진다.

내 온도가
이렇게 느낀다.

학교가
여름에는 춥고
겨울에는 덥다.

난 그래도
여름이 좋다.

수영을
많이 하니까 좋다.

겨울이 되면 못 한다.

주제: 춥다

〈5분〉

학교에 맨날 늦는다.

보통 9시 10분에
도착한다.

어제는 11월 28일로
생일이었다.

생일 축하까지 하느라
20분이 걸렸다.
그래서 또 늦었다.

오늘도
5분에 온 것 같다.

주제: 늦다

2. 글똥누기를 모아모아 책을 만들다.

〈승우는 멋지다〉

　친구들이 바닥에 있는 흙을 치우고 있었다. 내가 흙을 왜 치우고 있는지 물어봤다. 승우가 넘어진다고 말했다. 그래서 나도 같이 하려고 했는데 아현이 장화가 날아갔다. 승우가 아현이 장화를 가져다줬다. 승우가 멋졌다. 그래서 선생님이 아현이를 업어줬다. 무거웠을 것 같다.

주제: 새 학기 떡 돌리기

〈내 마음〉

  양보를 어떨 때 하는지 쓰고 있다. 나는 우리 가족들이랑 아주 친한 친구한테만 양보를 해준다. 그런데 너무 아까운 거는 안 된다. 난 그렇다.

주제: 양보란 무엇일까?

〈우리는 개구쟁이〉

  우리반은 개구쟁이 반이었다. 남자들이 새로운 개구쟁이만 보여줬다. 그래서 개구쟁이 반이다. 여자들은 무시할 때도 있고 재밌게 웃을 때도 있다. 그래서 개구쟁이 반이다. 밥을 먹을 때도, 맨날, 하루도 빠짐없이 그런다. 그리고 또 있다. 즐거운 반이다. 재밌는 거만 말한다. 맨날 웃는다. 그래서 우리는 즐거운 반이다.

주제: 1학년 때 우리반은?

〈행복한 이제그반〉

  우리반은 즐겁게 지내는 반이 되면 좋겠다. 왜냐하면 맨날 웃고 즐거운 행복한 하루를 보내고 싶으니까.

주제: 2학년 때 우리반은?

〈도롱뇽〉

　산책을 갔다. 도롱뇽 알이 있었다. 물이 낮아서 애들이 들어갔고 나도 해봤다. 진짜 진짜 낮았다. 그런데 또 물이 나왔다. 애들이 또 물에 들어갔다. 나도 또 들어갔다. 이번에는 아주 깊었다. 양말을 벗었다. 너무 너무 물이 차가웠다.

주제: 산책

〈수요일은 좋은 날〉

  동아리를 했다. 난 요리 동아리를 했다. 수요일마다 한다. 좋다. 다음 주 수요일이 기대된다. 동아리를 맨날 했으면 좋겠다. 히히. 그냥 좋다.

주제: 동아리 시작

〈거머리〉

 어제 비밀기지 물에 들어갔다. 거머리가 있다고 했다. 처음에는 괜찮은 것 같았는데 아니었다. 그 거머리가 내 가족까지 물어서 이제 내 안전 때문에 안 들어가기로 결정했다. 엄마도 아빠도 내 안전 때문에 안 된다고 했다. 너무 너무 무서워서 꼭~~ 안 들어갈 거다. 이제부터 깨끗한 물에만 들어갈 거다.

주제: 비밀기지

〈빵〉

 빵을 알아본다. 빵에는 잼과 옥수수가 들어있다. 빵도 있다. 푹신푹신할 것 같다. 그리고 먹으면 빵 맛밖에 안 날 것 같다.

주제: 지한이의 감자 샌드위치

〈안은영 작가님 안녕하세요〉

 안은영 작가님을 만났다. 풍선도 불었는데 묶는 걸 나만 할 수 있다고 말하니까 풍선만 불면 나한테 왔다. ㅋㅋㅋ 그런데 너무 열심히 했나 보다. 내 손이 빨~~~개졌다. ㅠㅠ 안은영 작가님과 책도 만들고 밥도 같이 앉아서 먹고 도롱뇽 이야기도 많이 했다. 너무 너무 너무 너무 너무 너무 너무 너무 아주 좋았다.

주제: 안은영 작가와의 만남

〈2학년 파충류 카페〉

 파충류 카페를 학교에서 우리만 갔다. 뱀을 목에 걸어봤다. 너무 차가웠다. 엄청 크고 노란색, 하얀색이었다. 그 뱀이 탈피도 했다. 우리가 뱀을 만지고 있었는데 고양이가 내 잠바 위에 있었다. 두 번이나. ㅋㅋㅋ 파충류 카페 가기 전에 파충류 책, 양서류 책을 찾으라고 했다. 아현이랑 제이가 책을 못 찾았다. 아현이는 혼자 찾았는데 제이는 내가 골라줬다. ㅋㅋㅋ

주제: 파충류 카페

〈역시 재밌어〉

  3, 4교시는 벽화 그리기를 했다. 기수 쌤이 기수를 아주 잘 그리면 간식을 두 개 준다고 했는데 아현이가 기수 쌤을 계속 때려가지고 간식이 없어졌다가 뻥이라고 해서 다시 간식이 살아났다. 휴~~~ 밥을 먹고 준다고 했다. 그런데 학교에서 글똥누기를 했다. 그래서 너무 너무 힘들었다. ㅠㅠㅠㅠ 난 기수를 그렸는데 기수 같게 안 그렸다. 내가 기수 쌤이라고 썼는데 기수 쌤이 잘 안 보인다고 다시 그리라고 했다. 진~~짜 까다로웠다.

주제: 벽화 그리기

〈가난은 싫어〉

  내가 생각하는 건 집이 없고 밥이 없고 이불도 없고 물도 없고 돈도 없고 물도 없고 가방도 없고 공부도 없고 물통도 없고 필통도 없고 책도 없고 우산도 없고 운도 없고 시계도 없다.

주제: 가난이란 무엇일까?

〈단오장은 지겨워〉

  학교에서 단오장을 갔다. 난 계속 가서 지겨웠다. 그런데 단오를 친구들이랑 가면 느낌이 다를 것 같았다. 맞다. 진짜 느낌이 달랐다. 노래 부르는 것도 봤다. 그런데 1학년 때 부채춤을 췄던 우리나라라는 노래였다!!! 길을 가다가 일곱 살에 봤던 선생님을 봤다. 내 친구 동생도 만났다. 베스 선생님도 만났다. 기수가 아이스크림도 사줘서 고마웠다.

주제: 단오장

〈드디어 끝〉

 편지 심부름이 생각난다. 왜냐하면 청년이 여민이한테 윤희 누나한테 줄 편지를 주니까. 내 생일파티 때 내가 우리 가족한테 생일파티 편지를 나눠주는 게 생각났다. 가족들이 좋아했다. 역시 생일 편지는 좋다. 토굴 할매도 생각났다. 왜냐하면 토굴 할매가 아기들을 잡아간다고 하고 박쥐한테 명령을 내린다고 해가지고 무서워서 생각이 났다.

 책을 받았을 때 우리가 다 읽을 수는 있을까. 내가 잘 읽을까 생각했다. 그리고 너무 좋았다. 책을 다 읽었을 때도 너무 좋았다. 왜냐하면 내가 자랑스러우니까. 그리고 너무 상쾌했다. 3학년 인생도 있을까?

주제: <아홉 살 인생> 끝

〈역시 재밌어〉

　〈아홉 살 인생〉 영화를 봤다. 그런데 풍뎅이 영감이 안 나왔다. 등장인물이 조금 안 나왔다. 욕도 많이 했다. 책에 안 나오는 것도 있었다. 너무 너무 너무 재밌었다. 또 보고 싶다. 우리 가족이랑도 봐야겠다. 과자도 맛있었다. 친구들이 과자를 나눠 줬는데 시간이 20분이나 걸렸다. 영화는 영화관처럼 불을 끄고 봤다. 다 봤다. 불을 켰더니 너무~~나 밝았다. 마지막에 여민이랑 우림이가 뽀뽀한 게 생각이 났다. ㅋㅋ ☺

주제: 영화 <아홉 살 인생>

〈여름방학〉

  여름방학을 했다. 우리는 방학이어서 바다를 갔다. 그런데 파도가 너무 셌다. 그래서 파도가 낮은 곳으로 갔다. 그쪽이 딱 좋았다. 초원이 이모랑 호적이 삼촌도 같이 갔다. 초원이 이모는 도윤이라는 남자 동생이 있다. 난 동생이랑 잘 놀아줬다. 난 아빠랑 거품물속에 들어갔는데 난 무서워서 소리를 질렀다. 놀고 자려고 하는데 선하 언니가 나 오늘 바다에서 너 봤어라고 해서 난 얘기를 했다. 언니한테 잘 자라고 하고 잤다.

주제: 여름방학의 일

〈몇 점일까?〉

　그저께와 오늘 시험을 봤다. 그치만 기수가 시험을 한다고 안 알려줬다. 우리는 착한 선생님만 알려주는 거라고 말했다. 시험은 조금 어려웠다. 난 30점 같다. 기수는 시험 결과를 안 알려준다. 난 너무 궁금하다. 시험은 운이다. 내 실력도 있고. 난 궁금하다. 빨리 보고 싶다. 기대가 된다. 승우가 몇 점인지 궁금하다. 내 책상에 지우개 가루가 많다. 이상하다. 쉬운 것 같았는데 이상하다. 그치만 시험은 재밌다. 100점이면 좋고. 그리고 시험을 보면 또!!! 하면 지루하긴 하지만 좋겠다. 또 하면 좋겠다. ♡

주제: 갑자기 시험

〈영화 촬영 하루 전〉

  영화 촬영 하루 전이다. 기대가 된다. 내가 잘할 수 있을까? 설렌다. 오늘 태웅이랑 소연이 인스타그램을 들어가서 얼굴을 봤다. 소연이는 예뻤고 태웅이는 조금 어색했다. 그치만 친해지겠지? 토요일에 나가면 사람들이 50명이나 올 텐데 너무 긴장된다. 햄버거도 먹는다고 하니까 좋다. 일요일에도 한다. 아현이랑 지한이랑 하라는 일요일에 안 나온다. 나머지 친구들은 다 온다.

  긴장이 된다. 기대된다. 자, 열심히 하자!

주제: <굴러가는 태웅이> 촬영 하루 전

〈영화 촬영〉

영화 촬영을 했다. 첫 번째로 춤을 췄다. 우리가 안 나올 때도 있고 나올 때도 있다. 태웅이의 진짜 이름은 서후다. 소연이는 소윤이다. 우리는 카메오인데 우리가 별명을 지었다. 까마귀라고 지었다. 점심으로 햄버거를 먹었다. 모구모구도 줬다. 서후랑 소윤이는 밥을 안 먹었다. 난 빵이랑 양배추만 먹었다. 피구도 했다. 여자랑 남자로 했다. 여자가 많이 졌다. 왜냐하면 상현이랑 현태가 같이 있으니까 남자들이 잘한다.

자, 영화 촬영도 끝났다. 영화 촬영도 재밌었다.

주제: <굴러가는 태웅이> 촬영

〈첫 영상촬영〉

처음으로 편집을 했다. 내 팀은 상현, 하라였다. 패드로 찍어서 너무 무거웠다. 난 하라가 찍어줬다. 상현이는 하라가 찍어줬다. 난 상현이를 찍어줬다. 처음에는 긴장했지만 상상했던 것보다는 잘했다. 편집을 하는데 지한이네가 슬로우모드로 찍었다고 한 시에 다시 찍자고 했다. 그래서 다시 찍었다. 영상 선생님 이름은 이민아고 강중섭이다. 우리 이름도 알려줬다.

주제: 첫 영상수업

〈먹기만 한 날〉

　필리핀에 가서 밥을 먹었다. 밥은 뷔페에서 먹었다. 여러 가지 음식이 있었다. 난 밥을 먹고 디저트도 먹었다. 디저트는 맛있게 생겼는데 맛있지 않았다. 그래서 아쉬웠다. 아이스크림이 있어서 아이스크림을 4번 먹었다. 밥을 먹고 보홀 쇼를 보러 갔다. 승우는 무서워라고 했다. 난 재밌었다. 끝나고 호텔에 가서 숙제도 하고 라면도 먹었다.

주제: 추석

〈안녕, 내가 갖고 온 닭〉

  오늘 닭이 없어졌다… 닭이 없어졌더니 닭이 꼬꼬댁 꼬꼬댁 운다. 닭집에 닭털이 가득가득. 그 닭을 잡아간 동물은 삵이다. 삵이 닭을 잡아갔다. 우린 그 닭을 찾으려고 했는데 못 찾았다.

주제: 사라진 오골계

〈소리가 너무한 거 아니야?〉

 벼 깎는 걸 봤다. 깎는 소리가 시끄러웠다. 벼를 깎는데 벼가 뒤로 나왔다. 친구들이 뒤로 나와서 토하는 것 같다고 했다. 벼를 동그라미로 깎았다. 할아버지가 담은 쌀을 쌀집에 넣었다. 승우가 뭐 하는 거냐고 물었는데 할아버지가 너무 소리가 커서 승우 말을 못 들었다. 벼를 다 깎고 벼는 벼 집으로 가져다주고 밑에 있는 풀을 담았다. 나는 벼 깎는 소리가 좋았다.

주제: 벼 베기

〈경팀은 현태, 지우, 원석, 의진〉

  운산100을 했다. 우리 경팀이다. 현태, 원석, 의진 이렇게 경팀이다. 오늘도 하는데 원석이랑 난 짝이다. 만들고 검사를 하는데 원석이가 글씨를 잘 못 써가지고 탈락했다. 다음에는 글 쓰는 칸이 없어서 다시 했다. ㅠ_ㅠ 다음에는 내가 뭘 쓸지 얘기해서 통과했다. 역시 나야. ^-^ 그래서 한 개는 통과하고 좀 있다가 현태팀도 통과해서 오늘 두 개를 끝냈다. 난 오늘 두 개나 해서 너무너무나 좋았다.

주제: 운산100 시작

〈언제하지?〉

  운동장 길이 재기를 했다. 처음에는 수학을 하자고 했는데 수학책이 아니라 운동장 길이 재기였다는 사실! 우리는 1, 3, 4, 5, 6학년한테 자를 빌렸다. 우리 팀은 더 빌리러 가서 늦게 시작했다. 길이를 재는데 엄마가 와서 물을 줬다. 우리 팀은 얼음과 물을 조금 먹으면서 했다. 우리가 제일 늦었다. ㅠㅠ 그래서 밥을 먼저 먹으라고 했는데 그냥 막 들어갔다. 마지막에는 그냥 다 같이 모여서 했다. 그것도 어려웠다. 그치만 성공했다. ㅋㅋ 힘들었지만 성공하니까 이제 살았구나 이렇게 생각했다. 기수는 나쁜 선생님이다. 3학년에는 착한 선생님으로 바꿔달라고 해야지.

주제: 운동장 길이 재기

〈아홉 살 기수〉

 기수의 아홉 살 얼굴을 봤다. 왜냐하면 추석에 우리가 기수에게 숙제를 냈다. 아홉 살 기수 사진을 갖고 와서 보여달라고. 사진은 기수 할아버지 칠순 잔치 사진이었다. 그래서 기수 할아버지도 봤다. 좋았다. 기수는 귀여웠다. 승우랑 성격이 똑같을 것 같다. 오늘 기수 얼굴이랑 비교가 참 안 된다. ㅋㅋ

주제: 아홉 살 기수

〈난 탔지롱〉

　5교시에 자전거 타기를 한다고 했다. 왜냐하면 기수가 우리 모두 자전거를 타면 닭강정을 사준다고 해서다. 5교시 전에 나는 상현이랑 먼저 타고 있었다. 친구들이 왔다. 난 잘 탄다. 그래서 친구를 도와줬다. 지한, 아현, 하라, 도훈. 이 친구들이 아직 못 타서 알려줬다. 아현이는 거의 잘 탄다. 끝나고 글똥누기를 했다.

주제: 자전거 타기(1)

〈지한이 자전거 성공〉

   자전거를 또 탔다. 난 잘 타서 친구들을 도와줬다. 역시 지한, 도훈, 하라는 아직 못 탄다. 그치만 쪼~~금 있다가 지한이는 됐다! 지한이가 됐다는 걸 보고 아현이가 하이파이브를 했다. 자, 이제 두 명만 남았다. 파이팅! ♡

주제: 자전거 타기(2)

〈울진〉

　해양과학관에 갔다. 바다에 대해서 많이 알려줬다. 신기한 것도 있었다. 물고기를 보러 가는데 큰 해파리를 봤다. 신기했다. 사진을 찍으려고 했는데 가방에 핸드폰이 있어서 찾느라고 못 찍었다. ㅠㅠ 안에 들어가 보니 여러 가지 생물들이 있었다. 난 사진을 찍었다. 이상한 거, 신기한 거, 이쁜 거, 귀여운 거 등등이 있었다. 물고기 떼가 3번 왔다. 신기했다. 사진을 보니까 한 개를 건졌다. 집에 가서 가족 카톡방에 보내줬다. 히히

주제: 울진 해양과학관

〈공사〉

 학교에서 공사를 하고 있다. 깜짝 놀랐다. 소리가 들린다. 시끄럽다. 옛날에는 운동장이 논이었다고 그래서 공사를 하는 거다. 자전거도 못 타니까 아쉬웠다. ㅠㅠ 빨리 끝났으면 좋겠다. ㅠㅠ 이상하고 할 게 없다. 제발 타고 싶다.

주제: 자전거 타기(3)

〈아2스크림〉

아2스크림을 먹었다.
아, 2가 시렸다.
아, 2시려, 나 살려~
2빨 박살 나겠네!

내 2빨 3개가 박살 나겠다.
내 2빨 살려~

〈치킨〉

아~ 갑자기 치킨이 먹고 10다.
아~ 군침이 도네!

못 먹으면 마트에 가서
닭을 사서 9워먹고 10네

내가 만들면 8이 아프겠지?

아~ 그러니까 엄마한테
해달라고 해야지

주제: 6부터 10

〈기대가 되다〉

  축구 보러 가기 하루 전이다. 기대된다. 이기는 게 중요하다. 우리 일은 응원이다. 열심히 해야 한다. 열심히 해야지. 이상한 게 있다. 5번 선수 이름이 조현태다. 이름이 우리반 조현태랑 똑같다. 신기하다. 오늘 밤은 못 자겠네, 어쩌지? 그치만 난 3초 만에 잠들지 ㅋㅋ

주제: 축구 보기 하루 전

〈축구는 재밌어〉

 축구를 봤다. 시작했다. 간식도 먹었는데 양민혁 선수가 골을 넣었다. 파도타기도 했다. 부상을 당하기도 했다. 2시간짜리였다. 매점에 갔는데 도영이를 만났다. 신기했다. 도영이가 머리를 기르라고 했다. 도영이랑 나랑 사귀었었다. 축구도 재밌었다. 사람이 너무 많았다. 끝나고 기수가 글똥누기를 쓰라고 했다. 다음에 엄마, 아빠랑 또 오고 싶다. 자~ 다음에 또 와야지. 아 그리고 1:0으로 이겼다.

주제: 축구 본 날

〈쓰레기다!〉

  1교시에 대청소를 했다. 손이 아팠다. 열심히 했다. 옷이 까매졌다. ㅠㅠ 엄마한테 혼나겠네. ㅠㅠ 양말도 까매졌다. 쓰레기통도 비웠다. 쓰레기가 많이 나왔는데 제이 쓰레기가 제일 많이 나왔다. 깜짝 놀랐다! 승우 쓰레기는 안 나왔다. 오잉. 이상하다. 대신 바닥에 승우 쓰레기가 많았다. 역시 승우다. 너무 힘들었다. 그치만 열심히 해야지. 지옥 같았다. ㅠㅠ

주제: 쓰레기 대청소

〈우리가 학끼오에 나왔다고!〉

  운산초등학교 유튜브 찍은 걸 봤다. 이상한 게 많았다. 기수가 너무 이상하게 나와서 안 됐다. ㅠㅠ 그치만 기수는 지금도 이상하다. ㅋㅋ 승우 사진도 많이 나왔다. 역시 승우와 기수는 똑같다. ㅋㅋ 신정근도 같이 삼총사 같다. 진짜로. 하라야 보고 싶어도 나왔다. ㅋㅋ 승우가 나올 때는 승우가 치즈~를 하고 있다. 왕창 웃었다. 티브이가 커서 그런가? 영화관 같았다. 그래서 더 재밌었다. 다음에도 우리를 더 찍어주면 좋겠다. 히히. 엄마랑 아빠랑 또 봐야지. 히히.

주제: 학끼오TV

〈소년이 온다〉

　주인공은 남자랑 여자다. 꽃들이 있는 집에 남자가 있다. 장미를 따고 여자친구가 온다. 기대된다. 꽃을 줬다. 여자가 잃어버렸다.

〈채식주의자〉

　바다에 꽃이 있다. 꽃이 흔들흔들. 꽃잎이 뚝뚝 떨어지는 날, 시들시들한 꽃. 표지에 바다 색이 초록색이다. 감정이 슬퍼진다.

주제: 한강 작가 책 두 권을 골라 내용 상상하기

〈마라톤〉

　그저께 마라톤을 했다. 처음에는 미희 쌤이랑 가다가 두 번째는 상현이를 봤나? 이제 세 번째에 내 짝을 만났다. 바로 제이 아빠다. 열심히 뛰었다. 힘들어서 걸었다. 나만 빼고 여자애들끼리 뛰었다. ㅠㅠ 나는 제이 아빠랑 뛰었다. ㅠㅠ 하라는 뒤에 지우가 따라온다고 이야기를 했다. 힝힝. 결국 포기했다. 걸었다. 제이 아빠랑 통과했다. 아직 승우가 안 왔다. 20분 후 승우가 왔다. 사진을 찍었다. 하라 빼고 만화카페를 갔다. 안에 카페도 재밌었다. 다음에는 일요일에 친구들이랑 놀러 가야지!

주제: 운산 마라톤

〈친구라는 건〉

 피구를 했다. 현태, 아현, 도훈, 하라, 상현, 내가 했다. 처음에는 우리가 졌다. ㅠㅠ 또 시작했다. 하다가 내 엉덩이에 맞았다. 그게 지금도 생각난다. 학원에서도 생각나고 집에 가서도 생각날 것 같다. ㅠㅠ 친구와 하니까 너무 재밌었다. 다음에 또 해야지. 피구를 할 때 현태가 맞혔다. 현태는 날 맞히고 싶었었나? 아니면 목숨이 한 개밖에 없어서 그런걸까? 아 역시 현태는 너무너무 세 ㅠㅠ 흥미진진했고 재밌었고 힘들기까지 하니까 좋았다. 팔도 아팠었다.

 아현이는 뭘 할 때마다 나한테 잘 대해주고 어디를 가도 인상이 맑고 친절하고 똑똑하고 말도 잘하고 친구들을 잘 대해주고 마음이 따뜻하다. 내 마음도 잘 들어준다. 친구라는 것은 아주 따뜻하고 놀아주기도 하고 울 때도 달래주고 같이 있으면 이런저런 이야기도 할 수 있는 거다. 행복하고 좋은 거다.

주제: 친구란 무엇일까?

〈짚신〉

  짚신을 만들었다. 할아버지 5명이 와서 만들었다. 재료는 손과 벼만 있으면 된다. 그렇지만 과정은 힘들다. 보는 건 쉬운 것 같지만 어렵다. 계속 계속 시도했다. 열심히 해야 한다. 할아버지가 더 힘들 것 같다. 힘들었지만 조금 재밌었다. 다음에 또 열심히 해야지~

주제: 짚신 만들기

〈기수〉

 이제 기수가 없어진다. 월요일에 너무 너무 행복할 것 같다. 좋은 점이 있다. 글쓰기를 적당히 조금 할 것 같다. 선생님이 어떻게 생겼는지 궁금하다. 한 명의 이름은 안다. 왜냐하면 기수가 존경하는 분이다. 강삼영 선생님이다. 궁금하다. 빨리 만나고 싶다. 빨리 월요일이 되면 좋겠다.

주제: 기수가 사라진다

〈두 번째 짚신〉

  두 번째로 볏짚을 했다. 기대가 됐다. 새끼꼬기를 시작했다. 오늘은 내가 생각했던 것보다 잘했다. 그래서 완성할 수 있을 것 같았다. 히히. 완성했다. 제법 잘 한 것 같다. 근데 조금 이상했다. 뭐가 이상한지 잘 모르겠다. 아! 다시 해야겠다. 손 아파 죽겠네ㅠㅠ 그치만 열심히 또 열심히 했다. 다했다. 청소를 했다. 청소를 다 했지만 또 해야 한다. 아직 더러워서 쉬는 시간에 또 했다. 깔끔히 했다. 히히

주제: 두 번째 짚신 만들기

〈세 번째 짚신〉

 볏짚 만들기 3일째 마지막 날이다. 드디어 완성했다. 예뻤다. 1개 더 만들었다. 벌써 시간이 다 됐다. 너무 슬펐다. 사진을 찍었다. 사진이 잘 나왔다. 한 할아버지 이름이 위한이 할아버지인 것 같다. 아닐 수도 있다. 이름이 궁금하다. 오늘이 2학년 중에서 가장 기억에 남을 것 같다.

주제: 세 번째 짚신 만들기

〈기수가 없다〉

김 기수가 없다. 너무너무 슬프다.
기수가 없어서 우리반이 재밌지 않다.
수다날도 기수가 없어서 맛이 없다.
바이바이 기수 쌤 빨리
보고 싶어요. 빨리 와용~

주제: 기수 없는 이제그반

〈벌써〉

  영상 쌤 마지막 날이다. 슬펐다. 오늘도 열심히 했다. 열심히 편집을 했다. 마지막이어서 그런지 편집을 할 때 글씨가 더 잘 써졌다. 영상 끝이라고 나오는 곳에 오늘 마음을 표정으로 남겼다. 난 기쁨이라고 했다. 난 그게 재밌었어요라고 말했는데 하라는 진짜 자세히 말했다. 영상을 보여줬다. 잘한 것 같은데 뭔가 아쉬웠다. 그래도 괜찮다. 지금까지 잘한 것 같다. 아주 재밌고 아쉽기도 했고 괜찮았다. 난 만족한다.

주제: 마지막 영상수업

〈기대〉

 꿈자람 발표회 리허설을 했다. 우리 차례는 10번이다. 우리 차례가 됐다. 내가 틀렸다. 5교시에 같이 주자고 했잖아를 빼먹었다. ㅠㅠ 진짜 때 이렇게 하면 안 되는데 ㅠㅠ 제이랑 모찌송을 같이 부르는데 걱정이 많다. 실제로 할 때 긴장이 많이 될 것 같다.

주제: 꿈자람 발표회 리허설

〈발표회〉

 꿈자람 발표회를 시작했다. 우리 차례가 다가왔다. 할머니도 와서 더 떨렸다. 무대에 올라갔는데 사람들이 더 많았다. 얘들아 산책 갈래?를 말하고 계속 이어서 말했다. 내가 상상한 것보다 잘해서 기분이 좋았다. 엄마가 끝나고 마카롱도 줘서 맛있게 먹었다. 다음에도 좋은 추억을 만들어야지!

주제: 꿈자람 발표회

〈추워〉

  자전거를 탔다. 손이 얼어버렸다. 장갑을 가져와서 끼고 다시 자전거를 계속 탔다. 기수랑 술래잡기를 했다. 열심히 했다. 기수가 반칙을 했다. 짜증이 나서 친구들이랑 작전을 짰다. 상현이랑 현태가 기수를 막고 난 아현이랑 꼬집었다. 지한이랑 승우는 뱃살로 기수를 막았다. 작전을 다 세웠다. 교실에 올라가서 공격을 했다. 졌다. ㅠㅠ 다음에는 안 져야지!

주제: 자전거 타기(4)

〈어색〉

 이안 작가님을 만났다. 어색했다. 계속 보니 친한 사람 같았다. 이상했다. 이안 작가님은 퀴즈를 맞히면 선물을 줬다. 고무줄이었다. 사인도 해줬는데 사인이 개구리다. 거꾸로 보면 오리다. 신기했다. 작가님이 사인을 했는데 하라한테 5일인데 4일이라고 썼다. 다시 쓰고 사진을 찍었다.

주제: 이안 작가와의 만남

〈김밥〉

　지한이 엄마가 김밥을 만들어서 우리한테 줬다. 기수가 밥을 먹기 전에 시를 쓰자고 했다. 너무 너무 짜증 났다. 쓰기 전에 김밥을 보고 김밥도 1개만 먹었다. 열심히 보고 시를 썼다. 계속 보니까 배가 너무 고팠다. 빨리 먹고 싶었다. 김기수 나쁜 자식!

주제: 지한이의 김밥

〈스케이트〉

　스케이트를 탔다. 처음에는 어려웠지만 계속 연습을 했다. 난 한 번도 안 넘어졌다. 넘어지는 연습을 했다. 두 번 잘 넘어지고 쉬는 시간에도 잘 탔다. 내 생각에는 너~무 잘 타는 것 같다. 너무 재밌었다. 중간에 교장 쌤이랑 1학년 쌤이 씨유에 가서 맛있는 초콜릿과 음료수를 사서 우리한테 줬다. 다 먹고 또 탔는데 민은경 쌤을 만났다. 어쩔 줄 몰랐다. 민은경 쌤이랑 인사를 하고 또 이어서 탔다. 짐을 잘 챙겨서 학교에 와서 밥을 먹었다.

주제: 아이스 스케이트

〈얼음 산책〉

 산책을 갔다. 고드름을 따서 먹었다. 고드름을 먹느라 20분 동안 있었다. 계속 고드름을 먹고 산책을 갔다. 논에 얼음이 있었다. 깨서 얼음을 던졌다. 큰 얼음도 던졌다. 도훈이는 빠지고 다른 곳으로 갔다. 제이랑 지한이가 주스를 놔두고 와서 가지러 가다가 지한이가 물에 빠졌다. 웃겼다. ㅋㅋ 다시 보고 싶다. ㅋㅋ 다시 산책을 갔다. 강처럼 있는 게 이쁘기도 했고 이상하기도 했다. 장소를 옮겨서 가는데 기수가 돌아가자고 했다. 짜증이 났다. 짜증 나게 학교에 도착했다. 또 가야지, 흥흥!

주제: 얼음 산책

〈구구단〉

어제 구구단 시험을 봤다.
구구단 시험을 잘 봤는지 알아봤다.
나는 쉽게 넘어갔다.
역시 재밌는 구구단.

구구콘을 먹는 시간인데
여행을 갔다 와서 목이 아파가지고
구구콘을 못 먹었다.

친구들이 먹는 걸 지켜봤다.
군침이 흘렀다.

주제: 구구단 아니면 구구콘으로 시 쓰기

〈장터〉

  나눔장터를 했다. 음식이 생각보다 많았다. 지한이가 많이 살 줄 알았는데 지한이가 한 개도 안 샀다. 깜짝 놀랐다. 난 먹는 걸 많이 샀다. ㅎㅎ 지애 언니가 슬라임을 가져와서 내가 샀다. 한 개는 창방이고 또 한 개는 느낌이 이상했다. 그치만 슬라임은 좋다. 이제 좀 질리기도 하다. 하봄이가 인형을 한 개에 500원에 판다고 해서 내가 산다하고 조금 있다가 밥을 먹으러 갔다.

주제: 나눔장터

〈운산100 마지막〉

 운산백을 끝냈다. 아주 힘든 작업을 했다. 그동안 만든 걸 보고 지우고 고쳤다. 줄여서 말하면 오늘은 수정하는 날이었다. 혜경쌤이 간식을 먹으라고 했다. 다들 모여들었다. 나도 신났다. 힘들었지만 조금만 남았으니까 조금 힘이 났다. 밥을 먹고 운산백 제목을 정했다. 바로 운산 100과사전이다. 이제 제목을 꾸미고 글똥누기를 하고 있다. 아이고 힘내야지, 이제 진짜 끝!

주제: 마지막 운산100

〈마니또〉

 마니또를 뽑았다. 난 너무 충격이었다. 색종이를 사주고 싶다. 그치만 승우랑 많이 싸워서 고민이다. 아주 많이 생각이... 뭘 사지? 다이소에는 많으니까 가서 사야지. 가면 생각이 이어질 거다. 그 친구는 색종이가 좋겠다. 크리스마스 이브가 빨리 왔으면!

주제: 마니또 뽑기

〈크리스마스는 특별해〉

  드디어 크리스마스 이브다. 학교에서 체험학습을 갔다. 마니또를 뽑아서 다이소에 갔다. 친구한테 선물을 사줬다. 난 현태여서 고민을 많이 했다. 왜냐하면 현태가 까다로워서다. 지우개가 먼저 생각났다. 왜냐하면 내 이름이 지우니까. 빼빼로랑 등등 많이 샀다. 인생네컷도 찍었다. 즐거웠다. 기대도 많이 했다. 학교에 와서 밥을 먹고 마니또를 공개했다. 내 마니또가 제이였다. 사실은 버스에서 제이가 내 마니또라고 알려줬다.

주제: 크리스마스 이브와 마니또 선물

〈늙었다〉

  위기철 작가님이 왔다. 생각보다 늙으셨다. 인사를 하고 출석을 부르셨다. 1학기 때 우리가 궁금한 걸 써서 보냈다. 그걸 이야기했다. 〈초록 고양이〉를 읽어줬다. 역할도 정했다. 내가 여자애고 하라는 초록 고양이, 아현이는 엄마다. 다 읽고 퀴즈도 맞추고 책에 사인을 해줬다. 상현이가 노래를 불렀다. 위기철 작가님이 그만하라고 해도 계속 했다. 위기철 작가님이 오늘 날짜라고 계속 불렀다. 그러면 상현이가 날짜를 알려줬다. 마지막으로 사진을 찍고 끝났다. 밥도 같이 먹어서 좋았다.

주제: 위기철 작가와의 만남

〈잘 할까?〉

   자전거 시험을 봤다. 우선 자전거를 타면서 몸을 풀었다. 기수가 시험 선생님인 줄 알았는데 다른 쌤이 시험 선생님을 해준다고 했다. 누굴까? 혹시 한솔 감독님? 기수는 안 알려줬다. 차가 왔다. 우와! 한솔 감독님이다!!! 시험을 아주 신나게 아주 멋지게 끝냈다. 자전거 면허증을 받았다. 친구들 모두 면허증을 받았다. 한솔 감독님이 아이스크림을 사 와서 우리한테 줬다. 자산먹보를 보면서 맛있게 먹었다. 아~ 아이스크림 케이크 맛있다!

주제: 자전거 시험

〈10대가 되는 나〉

  지우야. 10살이 되어도 아프지 말고 맞춤법도 틀리지 말고 편식도 안 하고 씩씩하고 건강하게 공부도 잘하고. 친구 놀리지 말고 힘들 때도 노력하고 친구랑 잘 놀고 친구랑 잘 지내고 친구랑 싸우지 말고!

  선생님은 기수 말고 미희 쌤이랑 돼야 해. 다른 쌤도 좋지만 기수는 말고. 왜냐하면 글쓰기를 많이 해서야. 그러니까 제발! 선생님 말 잘 듣고 친구 때리지 말고 10살에는 부족한 부분 잘 챙기고 다치지 말고 친구랑 계속 많이 놀고 먹고 자고 공부하고. 친구와 잘 지내고 놀리지 말고 건강을 챙기고 살도 빼고 알겠지? 그러면 10살 파이팅! 10살 인생! ♡

주제: 이제 열 살, 10대

〈안녕, 이제그반〉

김도훈: 도훈아! 넌 똑똑하고 우리를 웃게 해주고 나한테 좋은 친구야!

김지한: 지한아! 넌 좋은 친구고 종이접기도 잘하고 친절한 친구였어! 그럼 안녕!

송아현: 아현아! 넌 친절한 친구고 날 웃게 해주고 행복하게 해주고 안경을 쓰고 오면 예쁘다고 해줘서 나에게 좋은 친구였어! 안녕!

신승우: 승우야, 넌 정직하고 귀엽고 우리를 행복하게 해줬어. 안녕, 승우야!

안제이: 제이야, 넌 날 지켜주고 글씨도 잘 쓰고 응원해 줘서 고마웠어. 안녕!

조현태: 현태야, 넌 스포츠를 너무 너무 잘해서 멋졌어. 넌 멋진 축구 선수 같아!

함상현: 원숭이라고 계속 우리를 웃게 해줘서 너무 고마웠어. 그럼 안녕!

구하라: 하라야, 넌 그림을 너무 잘 그려. 글씨도 너무 너무 잘 쓰고 말이야. 그럼 안녕!

김기수: 기수야, 너는 글쓰기를 많이 쓰라고 하지만 친절하고 화도 잘 안 내서 고마웠어. 그럼 안녕!

주제: 안녕, 이제그반

3. 닫는 글

〈지우의 하루하루〉

글똥누기를 하면 짜증 나고 화가 났다.
하지만 마음을 표현할 수 있어서 좋았다.

아무리 그래도 하루에 세 개는 너무했다.

내 책이 나온다니 뿌듯하고 떨린다.
궁금하기도 하고 신기할 것 같다.

책을 읽으면 1년 동안 어떤 일이 있었는지
알 수 있어서 재미있을 것 같다.

〈이제그반 아이들에게 보내는 가족들 글 모음〉

· 김도훈 가족

  도훈이의 책이 만들어진 것을 진심으로 축하해! 미리 읽어보면서 도훈이의 학교생활을 엿볼 수 있어서 정말 즐거웠어. 특히 친구들과 있었던 일, 수많은 도전 끝에 성공한 자전거, 다사다난 도롱뇽을 길렀던 일, 두근두근 꿈자람 발표회 등을 읽으면서 도훈이가 얼마나 깊이 생각하고 멋진 성장을 했는지 감동했어. 이렇게 많은 글을 쓰는 게 쉬운 일은 아니었을 텐데 끝까지 해낸 도훈이가 정말 자랑스러워. 앞으로도 더 많은 경험을 하고, 느끼고, 생각한 것들을 글로 남겨봐. 도훈이만의 특별한 이야기, '어이없는 김도훈' 두 번째 이야기를 기다릴게!!

· 김지한 가족

  지한이의 글쓰기 책의 앞 세 장 정도 읽고는 큰 웃음을 터뜨렸다. "온통 밥 얘기잖아!! 하하하하하" 그런데 한편으로 생각해 보니 지한이는 본인이 애정하는 것이 무언지 정확히 알고 그것에 애정을 가득 쏟는다. 만들기든, 먹는 거든, 가족이든, 그 무엇이든. 자신이 좋아하는 걸 제대로 알기란 얼마나 어려우며 그걸 알기 위해 우린 얼마나 많은 시간과 노력을 쏟는지. 아홉 살 인생에 좋아하는 걸 (벌써!) 찾아 마음껏 즐기는 지한이에게 박수를 보낸다.

· 송아현 가족

　어른이라는 안경을 끼고 보면 아이들의 삶은 작아 보인다고 평가하고 판단하게 된다. 어느 한 자리에서 일을 하고 있다는 이유만으로 마치 세상에 기여를 하고 있다고 우쭐하기 때문이다. 그래서 '놀기만' 한다고 생각되는 아이들의 삶을 나도 모르게 가끔은 가벼이 여기기도 했던 것 같다. 사랑하는 딸 아현이가 쓴 글들을 읽은 후 느낀 나의 솔직한 고백은… '딸이 아홉 살의 시간을 찬란하고 아름답게 살아냈구나.' 하는 거였다. 너무나 많은 것들을 경험하고 배웠고 다양한 사람들을 만남으로 사람을 알아갔고 희로애락의 다양한 감정들을 경험했음을 알았다. 주어진 순간을 마음껏 누리며 살고 있었다. 오히려 내가 살았던 일 년의 시간보다 더 풍성하고 노력하며 살아냈음을 깨달았다. 그리고 참 많은 사람들의 사랑과 헌신으로 그 삶들이 만들어지고 있었다. 재미있다고 표현한 이제그반 친구들 속에서 너무 큰 행복을 경험하고 있었고, 선생님들과 학부모들과 교육공동체, 심지어 지역공동체까지 힘을 모아 한 아이의 삶에 물을 주며 가꾸어 주고 있었다. 그렇게 예쁘게 자라고 있는 내 딸과 이제그반 친구들의 삶이 기대되며 응원하게 된다. 딸이 작가가 되었다. 적어낸 글들처럼 마음껏 삶을 즐기고 행복해하며, 많은 사랑들을 먹고 자라며, 지금처럼 웃고 울고 짜증 내기도 하면서 삶을 노래하는 멋진 '작가'로 자라가기를…

· 신승우 가족

승우야! 1년 동안 글쓰기 하느라 힘들었지? 그래도 먼 훗날 너의 아홉 살 인생을 책으로 볼 수 있다고 생각하면 너무 뿌듯할 것 같아! 아빠, 엄마는 승우의 글을 보면서 웃기도 하고 슬프기도 했지만 승우의 마음을 알 수 있어서 너무 좋았어! 앞으로도 그때그때의 마음을 글로 표현해 보았으면 좋겠어! 아홉 살 인생 작가가 된 걸 축하해! ♡

· 신지우 가족

지우야! 1년 동안 글쓰기가 많이 힘들었겠지만, 지우의 글을 보며 아빠와 엄마는 지우의 1년을 알 수 있어서 웃음이 나기도 하고 미안하기도 하고 너무 재미있었어! ㅎㅎ 아홉 살 1년 동안 글쓰기가 너의 인생에 두고두고 밑거름이 되었을 거라 생각해. 김기수 선생님께 항상 감사하자! 지우의 아홉 살 인생의 기록! 작가가 된 것을 축하해! ♡

· 안제이 가족

〈나는 몰라 안제이〉 글 모음집을 읽고 지난 1년이 눈앞에 만져지듯이 펼쳐졌습니다. 때로는 학교 교실에 앉아 2학년 아이들과 수업을 들었고, 어느새 하교하여 제이와 마주 앉아 시간을 보냈습니다. 지나가며 했던 이야기들, 함께 했던 순간들이 글 속에 녹아들어 그 순간의 감정과 추억을 더 깊이 간직할 수 있게 해준 것 같습니다. 눈 뜨면 출근하고, 집에 오면 밥 먹이고 씻겨서 재우기만 바빴는데, 그

동안 아이는 이렇게 생각했고 자라왔구나 하고 새삼 알게 되었습니다. 미안했던 순간을 담은 이야기에는 눈물을 훔치기도 하고, 아빠가 좋다고 해준 표현에는 저도 모르게 가슴이 뭉클해지기도 했습니다. 그렇게 한 편 한 편의 글을 읽으며 지나간 시간을 다시금 되새겼습니다. 기록하지 않았더라면 스쳐 지나갔을 일들이, 글똥누기가 너무 싫고 그걸 시키는 기수 쌤은 더 싫다던 아이의 불평이, 이렇게 책으로 완성되어 놓쳤던 아이의 마음과 내 지난 모습을 보여줍니다. 그 소중한 순간들이 모여 앞으로의 시간을 더욱 값지게 만들어 줄 것입니다. 마지막으로 한 권만으로도 방대한 분량의 글인데, 반 아이들 9명 모두의 글을 모아 9권의 책으로 엮어주신 기수 쌤께 깊은 감사를 드립니다. 늦은 밤까지 모니터 앞에서 피곤을 달래며 편집해 주셨을 생각에 더욱 감사한 마음이 듭니다. 1년을 함께 지내며 집에서 하도 기수라고 불렀더니 선생님이라는 호칭보다 기수라고 부르는 게 더 익숙해졌습니다. 친근함을 넘어선 그 따뜻한 사랑이 아이들 마음에 오래도록 남을 것입니다.

· 조현태 가족

  잘못될까 봐… 안 좋을까봐… 걱정과 염려를 가지고 아이를 보던 제 마음을 또 반성합니다. 아이 안에 이미 아이의 우주가 있고 보아주고 믿어주기만 하면 아이만의 인생을 그려낼 텐데 이 쉬운 걸 자꾸만 까먹는 게… 저에게는 영 어려운 일입니다. 아이가 자주 글을 쓰고 그 글을 읽을 수 있으면 좋겠습니다. 그래서 까먹을 때마다 다시 기억해 낼 수 있으면 좋겠습니다. 특별한 우리 아이를 있는 그대로 보아주고 함께해 주는 이제그반 친구들과 부모님들, 2024년 행복한 한 해의 기억과 특별한 경험을 선물해 주신 기수 쌤 감사합니다.

· 함상현 가족

　사랑하는 우리 아기 상현아. 너의 첫 번째 책의 출판을 진심으로 축하해. 한 줄 한 줄 너의 책을 끝까지 읽는 동안 웃다가 울다가 ㅎㅎ 엄마, 아빠의 얼굴엔 미소가 사라지지 않았어~ 너의 잊지 못할 추억, 행복하고 소중한 2학년 〈기수 쌤과의 이제그반〉의 생활을 엄마, 아빠도 볼 수도, 느낄 수도 있었단다. 건강한 웃음소리가 들렸고 해피 바이러스를 느끼게 해줘서 우리 상현이와 이제그반에게 고맙고 감사해~ 너무너무 축하하고 사랑해, 내 아기♡

· 구하라 가족

　하라의 아홉 살 인생을 보며 하루도 빠짐없이 열심히 건강하게 보낸 것 같아 마음 가득 기쁘고 감사합니다! 함께해 준 친구들과 기수 샘, 채워주신 마을 선생님들 덕분입니다!! 감사합니다! 그 누구보다 강릉을 잘 누리고 있는 하라야! 난 1년 동안 운산초 이제그반에서 많은 도전을 하면서 한 뼘 성장한 모습을 보면서 우리는 늘 감사한 마음이야. 글 쓰는 재미를 발견하고 이제그반을 통해 너의 글이 세상에 나올 수 있게 된 것을 축하해. 지금부터 수없이 써 내려갈 너의 생각과 글과 그림이 누군가를 미소 짓게 하고 누군가를 위로를 하고 누군가를 응원할 수 있으면 좋겠어. 앞으로 딛고 사는 세상의 아름다움과 아픔을 발견하고 네 방식대로 표현하는 삶을 살아가길 우리 모두 응원하고 기도해.

[특별편] 도롱뇽 일기

2024. 3. 14. (목)

〈도롱뇽 알〉

   산책을 갔다. 가자마자 친구들이 도롱뇽 알을 다 한 개씩 챙겼다. 나도 그랬다. 너무 너무 너무 너무 너무 웃겼다. ㅋㅋㅋ 난 도롱뇽 알을 세 개 주웠다. 아현이는 두 개 아니면 세 개고 제이는 한 개인데 지한이가 제이한테 한 개를 줘서 제이는 두 개다.

〈도롱뇽 1일째〉

   도롱뇽 알을 잡았다. 열리고 있었다. 너무 신기했다. 느낌이 말랑말랑했다.

2024. 3. 15. (금)

〈두 덩이 빼고 풀어준 날〉

   도롱뇽 알을 보내줬다. 너무 슬펐다. ㅠㅠㅠ 슬펐지만 두 마리만 남기고 다~~ 보내줬다. ㅠㅠ 들고 갔는데 내가 앞에 있다가 엉덩이가 젖었다. 너무 축축했다.

〈도롱뇽 2일째〉

   도롱뇽 알이 길어졌다. 크긴 크나 보다. 너무 신기하다. 알이 더 많아진 것 같다. 마술 같다. 도롱뇽이 너무 신기방기하다. 이제 어떻게 해야 하지?

2024. 3. 18. (월)

〈도롱뇽 5일째〉

   도롱뇽아, 잘 커! 화요일에 더 많이 빨리 크면 좋겠다. 무럭무럭 잘 자라! 더 길쭉해져라!

2024. 3. 19. (화)

〈도롱뇽 6일째〉

 도롱뇽 알이 더 컸다. 움직이기도 한다. 신기하다. 맨날 물을 갈아 준다. 내 엉덩이가 다 젖었다. 도롱뇽 때문이다.

2024. 3. 20. (수)

〈도롱뇽 7일째〉

   도롱뇽이 양쪽에 털이 났다. 점점 크고 있다. 움직이기도 했다. 너무 신기하다. 더 많이 커졌다. 멋진 기수처럼 자라라!

2024. 3. 21. (목)

〈성체 도롱뇽을 잡다〉

 도롱뇽이 태어난 게 아니라 아현이가 논에서 발견했다. 우리 도롱뇽도 아주 잘 크면 좋겠다. 아주 가까이에서 보면 무슨 줄이 있다. 아무 미끌미끌하다.

2024. 3. 27. (수)

〈도롱뇽 14일째〉

  쉬는 날인데 우리 뇽뇽이가 계속 생각이 났다. 나랑 승우는 여행을 갔는데 뇽뇽이들이 태어난 것 같았다. 엄마가 여행에서 뇽뇽이가 태어난 걸 보여줬다. 너무 좋아서 폴짝폴짝 뛰었다. 너무 신났다. 친구들이 33마리 태어났다고 했다.

2024. 3. 28. (목)

〈도롱뇽 15일째〉

    돌챙이가 죽었다. 숟가락으로 죽이기도 하고 연필로 죽이기도 했다. 정말 정말 미안해. ㅠㅠ 내 뇽뇽이야, 정말 미안해. 우리 돌챙이도 내가 죽여서 미안해. ㅠㅠ 다음부터 아주 잘 키워줄게. 정말 정말 미안해.

2024. 4. 2.(화)

〈도롱뇽 20일째〉

  오와! 서랍에 보관했는데 갈기가 더 많이 자랐다. 맨날 맨날 봤는데 너무 너무 너무 너무 너무 너무 너무 너무 너무 너무 너무 너무 너무 너무 신기하다. 어떻게 자랐을까? 너무 궁금하다. 아침까지 보면 좋겠지만 졸려서 못 보겠지? 뇽뇽이는 아직 아기인가 보다. 뇽뇽이를 더 잘 키워서 아기 도롱뇽, 어른 도롱뇽으로 해 줄게.

2024. 4. 3. (수)

〈성체 도롱뇽 탈출하다〉

  나는 오늘 탈출했다. 왜냐하면 이곳이 답답해서다. 나도 다시 자연으로 돌아가서 지내고 친구들이랑 놀고 싶어서 나갔다. 그리고 난 무슨 생각을 갖고 있냐면 탈출할 생각밖에 안 난다. 내가 자연에 돌아가려고 했는데ㅠㅠ 역시 실패한 거구나ㅠㅠ

2024. 4. 5.(금)

〈도롱뇽 23일째〉

   한 도롱뇽은 자세히 보면 안에 검은색 눈이 보인다. 점이 더 많이 생겼고 세모 모양이 보인다. 더 귀여워져서 너무 좋다. 무럭무럭 자라라. 더 귀여워져라.

2024. 4. 9.(화)

〈도롱뇽 27일째〉

   뇽뇽이가 죽었다. 내가 죽일 줄이야. 잘 키우려고 했는데 이제 한 마리밖에 안 남았다. 한 마리는 잘 키워야지. 도롱뇽 죽은 날 2024년 4월 9일 화요일. 하늘에서도 잘 자라라. 우리 돌챙이도 잘 자라라. 제발!

2024. 4. 12. (금)

〈도롱뇽 30일째〉

   5교시가 끝났을 때다. 돌챙이 앞다리가 나왔다. 그래서 기수랑 친구들이랑 연구했다. 진짜 앞다리가 먼저 나온 게 맞아서 신기했다.

〈올챙이 2일째〉

   올챙이가 우리 학교에 이사를 왔다. 머리가 콩 같다. 갈색빛이 돌고 노랑빛이 돈다. 신기하다. 잘 키워야겠다. 힘들겠지? 물 갈아주는 게 힘들 것 같다. 이제 두 개나 해야 된다.

2024. 4. 15. (월)

〈도롱뇽 33일째〉

   돌챙이 앞다리가 더 길어졌다. 갈기도 아주 많이 길어졌다. 아주 아주 많이 자랐다. 더 귀여워졌다.

〈올챙이 5일째〉

   올챙이 다리가 두 개나 생겼다. 깜짝 놀랐다. 오늘 생긴 것 같다. 진짜 신기하다. 빨리 앞다리도 자라면 좋겠다.

2024. 4. 22. (월)

〈성체 도롱뇽을 찾다?〉

   승우가 우리 도롱뇽을 찾았다. 상현이는 우리 도롱뇽이 아니라고 우겨가지고 짜증 났다. 진짜 우리 도롱뇽이 아닌 건 아니겠지?

〈개구리를 잡다〉

   개구리를 잡았다. 하얀색 개구리도 있었다. 신기했다. 승우가 찾았고 지한이가 잡았다. 지한이가 뱀도 찾았다. 승우는 채집을 하려고 했다. 진짜 놀랐다.

2024. 4. 23. (화)

〈개구리를 풀어주다〉

    어제 개구리를 재밌게 잡았다. 하루가 지나고 오늘 개구리를 풀어줘야 했다. ㅠㅠ 지한이가 울었다. 승우도 울었는데 승우는 가짜 울음이었다. 상현이는 마음이 아픈 것 같았다. 도훈이는 물통 갖고 눈에 뿌렸다. ㅋㅋㅋ ☺ 도훈이의 눈물이 제일 웃겼다. 도훈이도 울고 싶었던 게 아닐까?

2024. 5. 7.(화)

〈도롱뇽 55일째〉

   오늘 돌챙이가 걸었다. 너무 빨리! 자연에서 잡아온 도롱뇽은 커서 아~주 자세히 보인다. 우리가 키운 애는 좀 흐릿흐릿하다.

〈올챙이 27일째〉

   올챙이가 두 마리 빼고 죽었다. 물이 너무너무너무너무너무 흐릿흐릿했다. 앞다리, 뒷다리 다 났는데 죽어서 슬프다.

2024. 6. 10. (월)

〈도롱뇽 89일째〉

   자연산 돌챙이는 아가미가 없어졌다. 깜짝 놀랐다! 너무 좋았다. 너무너무너무너무너무너무 귀엽다. 양식 돌챙이는 아직도 도롱뇽이 아니다. 그래도 잘 기어다닌다. 귀엽다.

2024. 6. 19. (수)

〈도롱뇽 98일째〉

  어제 도롱뇽을 보내줬다. 도롱뇽아 네가 있어서 행복했어. 우리를 맨날 웃기게 즐겁게 해줘서 고마워. 다시 보고 싶다. 넌 지금 뭐 하고 있니? 보고 싶다. 지금쯤 어디에 있는지 보고 싶다. 우리를 웃게 해 줘서 고마워. 100일 축하 못 해 줘서 미안해. 다음에 만나면 100일 잔치를 해 줄게. 안녕. 잘 지내야 해. 거머리한테 먹히지 말고 오래오래 잘 자라~

2024년 운산초등학교
2학년 이제그반 글쓰기 모음집은
모두 총 9권이야.

1. 어이없는 김도훈
2. 만들기를 좋아하는 김지한
3. 좋아하는 게 많은 송아현
4. 꿈이 많은 신승우
5. 많은 걸 좋아하는 신지우
6. 나는 몰라 안제이
7. 빠르다 조현태
8. 미술이 싫은 함상현
9. 몽실이와 구하라

어떤 책을 읽었니?

9권을 모두 읽으면
깜짝 놀랄 일이 벌어질 거야!

당신의 바다는
삶을 받아쓰는 당신을 응원합니다.

책 제목 많은 걸 좋아하는 신지우
2025년 3월 3일 1판 1쇄 펴냄

글쓴이 신지우
엮은이 김기수
펴낸이 김민섭
펴낸곳 당신의바다

출판등록
주소 강원특별자치도 강릉시 강릉대로 217 3층
이메일 xmasnight@daum.net

ISBN 979-11-93847-29-9 03810